52출판사
obyeongieo

평신도 제자훈련 교재

교회 생활 『개역개정판』

지은이 _ 권영구
초판 발행 _ 2008년 10월 15일
초판 3쇄 발행 _ 2016년 1월 10일
펴낸 곳 _ 52 출판
등록번호 _ 제 390-2004-00006호
주소 _ 경기도 광명시 소하로 162, 706동 604호(소하동)
전화번호 _ 02) 2617-2044
F A X _ 02) 899-9189
홈페이지 _ www.cross9191.com / www.52ch.kr
구입문의 _ 02) 2617-2044, 2685-0423

ISBN 978-89-91822-25-2 93230
값 5,000원

교회 생활

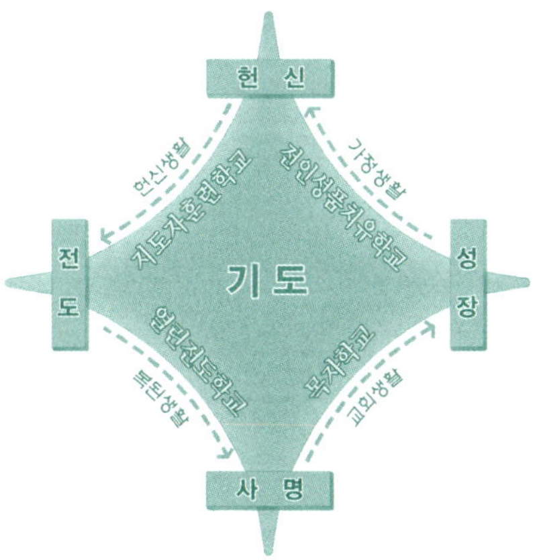

52 출판사
obyeongieo

머리말

교회를 처음 나온 사람들은 당연히 교회생활을 모르므로 그분들에게 잘한다는 기대를 가지지 않습니다. 그러나 교회 출석을 오랫동안 하신 분들이 교회생활을 엉터리로 하는 것에 대해서는 안타까움을 금할 수 없습니다. 결국은 하나님을 잘못 믿음으로 인해 복을 받지 못하고 저주를 받아, 자신뿐만 아니라 자녀들까지 저주 아래 있는 것을 보게 됩니다.

그렇게 저주를 받으면서도 자신이 하나님을 잘못 믿어 저주 받는다는 생각을 하지 못하고, 계속 교회생활 속에서 벌 받을 일만 골라 하고 있습니다. 그 이유는 성경에 무지하기 때문이고, 또 다른 이유는 성경은 알고 있으나 잘못 배우거나 잘못 알고 있어서 그와 같은 행동을 하는 것이고, 또 다른 이유는 성경은 알고 있으나 실천하지 않고 자기 고집대로 하고 있기 때문입니다.

하나님을 믿고도 저주 받는 것은 자신의 신앙이 잘못되어 교회에 유익이 되지 않을 뿐 아니라, 성도들에게 본이 되지 않는 교회생활, 성품, 가정생활, 인격을 회개하지 못하고 교회 안에서 그대로 드러내 나쁜 영향을 끼치는 것입니다. 이런 사람은 예수님이 (마 7:16-20)에 "[16] 그들의 열매로 그들을 알지니 가시나무에서 포도를, 또는 엉겅퀴에서 무화과를 따겠느냐 [17] 이와 같이 좋은 나무마다 아름다운 열매를 맺고 못된 나무가 나쁜 열매를 맺나니 [18] 좋은 나무가 나쁜 열매를 맺을 수 없고 못된 나무가 아름다운 열매를 맺을 수 없느니라 [19] 아름다운 열매를 맺지 아니하는 나무마다 찍혀 불에 던져지느니라 [20] 이러므로 그들의 열매로 그들을 알리라"고 말씀하신 것과 같습니다.

그들의 자녀도 하나님의 저주를 받아 믿음이 없습니다. 믿음이 없다는 것은 하나님께로부터 은혜를 받지 못하고 있다는 것입니다. 다시 말하면, 하나님이 벌로 그 자녀에게 은혜를 공급하지 않고 있다는 말씀입니다. 그런데도 부모는 이러한 사실을 모른 채 자녀들이 사회에서 공부를 잘 하거나 돈을 잘 벌면 성공했다며 자랑을 합니다. 정말로 하나님이 들으시고 더 진노하실 일만 하고 있는 것입니다.

이러한 성도는 교회에서 직분을 맡고 있다고 해도 불쌍한 사람입니다. 복의 기준이 하나님이나 성경 중심이지 않고 세상 중심, 물질과 권력 중심이기 때문입니다. 예수님 당시의 사두개인들과 같은 저주 받은 교인들입니다. 하나님을 오랫동안 믿었다고 하나 잘못 믿은 사람들입니다.

교회에 등록한 성도가 처음부터 교회생활을 잘 배웠다면 몇 년이 지난 다음에는 많은 깨달음으로 진리를 배워서 생각과 마음이 변하고, 하나님께 복을 받아 평안하게 그리고 자유와 행복을 누리며 온가족이 하나님을 경외하며 사는 것이 정상입니다.

이 중급반에서는 교회생활 속에서 잘못하는 것들을 찾아 공부할 것입니다. 자신을 돌아보고 바르게 고쳐야 하나님이 원하는 복 받는 사람이 될 것입니다. (시 1:1-2)에 "[1] 복 있는 사람은 악인들의 꾀를 따르지 아니하며 죄인들의 길에 서지 아니하며 오만한 자들의 자리에 앉지 아니하고 [2] 오직 여호와의 율법을 즐거워하여 그의 율법을 주야로 묵상하는도다"라고 말씀하고 있습니다. 복 있는 사람이 되려면 첫째로, 잘못을 저질러서는 안 됩니다. 열 가지를 잘 하고서 한 가지를 잘못하면 열 가지의 잘 한 것이 소용없게 됩니다. 장관들이나 국회위원들을 보십시오. 열 가지를 잘 하고도 한 가지를 잘못해서 사퇴하게 되지 않습니까? 우리의 신앙생활에서 열 가지를 잘 하는 것도 중요하지만, 하나님께 죄가 되어 저주 받는 한 가지 일을 하지 않는 것은 더 중요합니다. 그래서 복 있는 사람은 악인의 꾀를 따르지 않아야 하고, 죄인들이 유혹해도 뿌리쳐야 하며, 오만하거나 교만한 사람들과 친구가 되지 않아야 합니다. 그래야 하나님이 싫어하시는 죄를 짓지 않습니다. 이러한 것을 깨닫고 행동에 옮기는 사람이 지혜로운 사람입니다.

중급반은 성도를 복 있는 사람이 되도록 만드는 과정입니다. 복을 받지 못하게 하는 죄를 철저하게 배워 회개하고 버려서 복 받을 생각과 마음을 가지고 신앙생활을 하도록 돕는 것입니다. 충실하게 공부하시면 신앙생활에 크게 도움이 되고 복 있는 사람이 될 것입니다.

2008년 8월 8일

휴가 중에 권영구 목사

  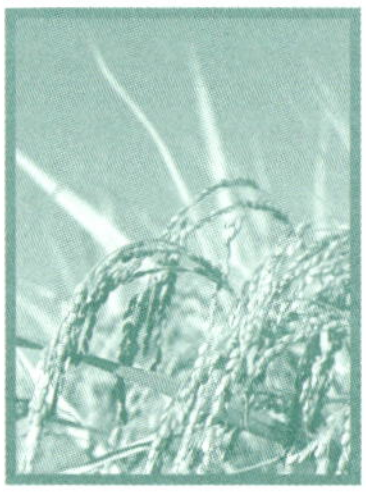

Contents

제 1 과

교회생활에서 잘 실천하지 못하는 것

암·송·구·절

(시 1:1-2) "[1] 복 있는 사람은 악인들의 꾀를 따르지 아니하며 죄인들의 길에 서지 아니하며 오만한 자들의 자리에 앉지 아니하고 [2] 오직 여호와의 율법을 즐거워하여 그의 율법을 주야로 묵상하는도다"

교회를 오랫동안 다니고도 복을 받지 못하는 사람들이 있습니다. 왜 그런지 한번 깊게 생각해 보아야 합니다. 하나님은 약속하셨습니다. (신 28:1-2) "네가 네 하나님 여호와의 말씀을 삼가 듣고 내가 오늘 네게 명령하는 그의 모든 명령을 지켜 행하면 네 하나님 여호와께서 너를 세계 모든 민족 위에 뛰어나게 하실 것이라 네가 네 하나님 여호와의 말씀을 청종하면 이 모든 복이 네게 임하며 네게 이르리니"라고 말씀하십니다.

말씀대로라면 모든 성도는 하나님을 믿어 영적인 복을 받고 육적인 복도 받아야 합니다. 그런데 이렇게 복을 받지 못하는 이유는 죄를 지어 벌을 받고 있거나 저주를 받고 있기 때문입니다.

참으로 답답한 것은 기독교인들이 성경을 배우지 않고 하나님을 믿거나, 성경을 배워도 곧 잊어버린다는 것입니다. 마음에 새기라고 말씀하셨는데 듣고는 즉시 잊어버리고 자기 생각대로 신앙생활을 한다는 것입니다. 신앙생활의 기준이 하나님의 말씀이 아니라 자기 생각이 되어 하나님과 관계없는 신앙생활을 하므로 복을 받지 못하고 벌을 받는다는 것입니다.

다윗은 복 있는 사람이 되는 방법을 (시 1:1-2)에 "[1] 복 있는 사람은 악인들의 꾀를 따르지 아니하며 죄인들의 길에 서지 아니하며 오만한 자들의 자리에 앉지 아니하고 [2] 오직 여호와의 율법을 즐거워하여 그의 율법을 주야로 묵상하는도다"라고 말합니다. 하나님의 말씀을 읽고 묵상하는 것보다 먼저 수행해야 할 일이 있는데, 그것은 악인이 꾀를 부려 유혹해도 절대로 따르지 말고 피하여 죄를 짓지 말아야 하는 것이며, 교만하고 오만한 사람들과 함께 하여 죄를 짓지 않아야 하는 것입니다. 성도들이 이 말씀의 중요성을 깨닫고 죄를 짓지 않겠다는 결심을 실천해야 복 있는 사람이 되는 것입니다.

1. 주일 예배에만 참석하고 다른 모임에 참석하지 않는 것

1) 주일 낮 예배에만 참석하는 것은 종교적인 행위입니다.

(히 10:25) "모이기를 폐하는 어떤 사람들의 습관과 같이 하지 말고 오직 권하여 그 날이 가까움을 볼수록 더욱 그리하자"

2) 주일 낮 예배에만 참석하면 믿음이 성장하지 않습니다.

(행 2:46) "날마다 마음을 같이하여 성전에 모이기를 힘쓰고 집에서 떡을 떼며 기쁨과 순전한 마음으로 음식을 먹고"

3) 유익을 얻는 것 같지만 손해입니다.

(약 2:14) "내 형제들아 만일 사람이 믿음이 있노라 하고 행함이 없으면 무슨 유익이 있으리요 그 믿음이 능히 자기를 구원하겠느냐"

4) 구원 받은 성도는 가인처럼 예배를 잘못 드리고 저주 받는 일이 없어야 합니다.

(창 4:5) "가인과 그의 제물은 받지 아니하신지라 가인이 몹시 분하여 안색이 변하니"

5) 구원 받은 성도는 자신을 거룩한 예배의 제물로 드려야 합니다.

(롬 12:1) "그러므로 형제들아 내가 하나님의 모든 자비하심으로 너희를 권하노니 너희 몸을 하나님이 기뻐하시는 거룩한 산 제물로 드리라 이는 너희가 드릴 영적 예배니라"

2. 성경공부를 하지 않는 것

1) 성경을 배우지 않으면 믿음이 자라지 않습니다.

(롬 10:17) "그러므로 믿음은 들음에서 나며 들음은 그리스도의 말씀으로 말미암았느니라"

2) 성경공부를 하지 않으면 진리를 모릅니다.

(요 5:33) "너희가 요한에게 사람을 보내매 요한이 진리에 대하여 증언하였느니라"

(요 8:32) "진리를 알지니 진리가 너희를 자유롭게 하리라"

3) 성경공부를 하지 않으면 하나님을 모릅니다.

(딤전 2:4) "하나님은 모든 사람이 구원을 받으며 진리를 아는 데에 이르기를 원하시느니라"

4) 성경을 모르면 선악을 분별하지 못합니다.

(히 5:14) "단단한 음식은 장성한 자의 것이니 그들은 지각을 사용함으로 연단을 받아 선악을 분별하는 자들이니라"

5) 성경을 모르면 영적인 것을 분별하지 못합니다.

(요일 4:1) "사랑하는 자들아 영을 다 믿지 말고 오직 영들이 하나님께 속하였나 분별하라 많은 거짓 선지자가 세상에 나왔음이라"

3. 매일 기도를 힘써 하지 않는 것

1) 매일 기도를 하지 않으면 하나님이 자신과 함께 하고 있음을 모릅니다.

(마 6:6) "너는 기도할 때에 네 골방에 들어가 문을 닫고 은밀한 중에 계신 네 아버지께 기도하라 은밀한 중에 보시는 네 아버지께서 갚으시리라"

2) 기도하지 않으면 하나님의 도움을 받을 수 없습니다.

(마 7:7) "구하라 그리하면 너희에게 주실 것이요 찾으라 그리하면 찾아낼 것이요 문을 두드리라 그리하면 너희에게 열릴 것이니"

3) 기도를 하면 시험과 고난도 쉽게 이길 수 있습니다.

(약 5:13) "너희 중에 고난 당하는 자가 있느냐 그는 기도할 것이요 즐거워하는 자가 있느냐 그는 찬송할지니라"

4) 기도는 하나님을 신뢰하는 믿음의 행위입니다.

(빌 4:6) "아무 것도 염려하지 말고 다만 모든 일에 기도와 간구로, 너희 구할 것을 감사함으로 하나님께 아뢰라"

5) 기도는 하나님의 백성만이 할 수 있는 특권입니다.

(행 16:25) "한밤중에 바울과 실라가 기도하고 하나님을 찬송하매 죄수들이 듣더라"

참고의 말씀

교회에 출석하여 하나님을 믿고 복 있는 사람이 되려면 예배를 중요하게 여겨야 합니다. 예배는 하나님을 경배하는 행위로서 사람이 제일 먼저 행해야 하는 것입니다. 그리고 하나님의 말씀을 듣고 잊어버리는 것이 아니라 마음에 새겨야 합니다. 또 기도는 하나님의 자녀에게만 부여된 특권층의 사람들이 하는 하나님과의 대화입니다. 그러므로 성도는 반드시 매일 기도해야 합니다. 또한 구원 받은 사람은 복음을 전파해야 합니다. 기쁘고 복된 소식을 자신만 알고 있으면 안 됩니다. 당연히 세상 모든 사람들에게 전해야 합니다.

이와 같은 일들을 잘 하는 것이 신앙의 출발이며, 또한 복 있는 사람이 되기 위한 출발인 것입니다.

프랑스의 나폴레옹 황제가 워털루 전쟁에서 참패하여 세인트헬레나 섬에서 유배생활을 하고 있을 때였습니다. 한 기자가 그에게 찾아와 이렇게 물었습니다. “당신 평생에 있어서 가장 행복한 순간이 있었다면 언제였습니까?” 나폴레옹은 한참 눈을 감고 회상을 하더니 이렇게 대답을 했습니다. “전투가 치열하던 어떤 주일이었죠. 그때 나는 졸병이었지만 아침에 철모를 벗고 교회에 가서 하나님께 감사하고 눈물을 흘리며 예배를 드린 때가 있었습니다. 바로 그때가 내게 있어서 가장 행복했던 때였습니다. 그러나 나는 어느 날부터인가 예배에 빠지기 시작했고, 지금은 전쟁에서 패배하여 이처럼 유배생활을 하고 있습니다.” 라고 말했다고 합니다.

교회생활을 하며 복을 받는 사람이 되려면 시작을 잘 해야 합니다. 예배를 철저히 드리고, 성경공부를 빠짐없이 잘 하고, 예수님이 가르쳐 주신 기도를 배우고 매일 기도한다면 복 있는 사람이 될 것입니다.

깨달은 말씀 논하기

1. 예배를 잘 드리지 않으면 어떻게 됩니까?

2. 하나님의 말씀을 모르면 어떻게 됩니까?

3. 기도하지 않으면 어떻게 됩니까?

통성으로 기도하기

오늘 배운 말씀을 다시 펴 보면서 마음에 새기고 회개 기도한 후에, 하나님의 말씀대로 살아서 복 있는 사람이 될 것을 결심하는 기도를 드려야 합니다.

제 2 과

교회생활 중에 가장 많이 짓는 죄

암·송·구·절

(롬 15:2) "우리 각 사람이 이웃을 기쁘게 하되 선을 이루고 덕을 세우도록 할지니라"

많은 그리스도인들이 교회생활을 편하게 하려는 잘못된 생각을 가지고 있습니다. 이런 사람들은 성경공부도 하지 않으려 하고 예배에도 불참하려고 합니다. 이런 개인주의적 발상을 가지고 있으므로 죄에 대해서도 둔감합니다. 죄에 관한 설교를 듣고도 일부러 마음에 담아 두려 하지 않습니다.

이와 같은 마음은 이중적인 생활을 하게 합니다. 교회에서는 적당히 교인들처럼 행동하면 되고, 교회 밖에서는 세상 사람들처럼 행동하면 된다는 생각을 가지고 있습니다. 그래서 기독교인 중에 교회와 사회에서의 모습이 다른 사람들이 많은 것을 보게 됩니다. 교회에서 보면 천사 같은 교인인 것 같은데 교회 밖에서는 세상 사람들처럼 죄를 지어 매스컴에도 나오는 것입니다.

많은 그리스도인들이 교회 안에서도 죄를 짓고 있습니다. 이런 신앙으로는 복 있는 사람이 되지 못합니다. 그리스도인들은 하나님의 말씀 중심으로 변해야 합니다. 그래야 복 있는 사람이 되어 하나님께 사랑 받고 사람에게 존경을 받는 사람이 됩니다. 복 있는 사람이 되려면 교회생활부터 바르게 해야 합니다. 그리고 교회 생활 중에 죄를 짓지 않아야 합니다.

1. 입술과 말과 혀로 짓는 죄

* 자신이 지은 죄 목록의 ( )에 ○표를 하십시오.

- 거짓말 ( )
- 거짓말을 퍼트림 ( )
- 모함 ( )
- 시기 ( )
- 질투 ( )
- 불만, 불평 ( )
- 원망 ( )
- 욕 ( )
- 비아냥거리는 말 ( )
- 자기를 높이며 자랑하고 남의 기를 죽이는 말 ( )
- 말을 함부로 하여 타인을 괴롭힘 ( )
- 교회와 교회 일을 흉보는 말 ( )
- 교회 일을 훼방하는 말 ( )
- 교회의 교역자를 비방하는 말 ( )

이런 죄를 짓는 사람은 복 받을 일을 하고도 입으로 복을 까먹는 사람이 됩니다. 한편으로는 열심히 헌신하면서 다른 한편으로는 하나님이 싫어하시는 죄를 짓고 있는 것입니다. 이런 신앙은 복을 받지 못합니다. 그런데 많은 성도들이 이 죄를 짓고 있습니다. 그러므로 교회 안에서 특히 조심해야 합니다.

※하나님의 말씀을 명심해야 합니다.

(마 15:11) "입으로 들어가는 것이 사람을 더럽게 하는 것이 아니라 입에서 나오는 그것이 사람을 더럽게 하는 것이니라"

(롬 3:13) "그들의 목구멍은 열린 무덤이요 그 혀로는 속임을 일삼으며 그 입술에는 독사의 독이 있고"

(약 3:8) "혀는 능히 길들일 사람이 없나니 쉬지 아니하는 악이요 죽이는 독이 가득한 것이라"

(벧전 3:10) "그러므로 생명을 사랑하고 좋은 날 보기를 원하는 자는 혀를 금하여 악한 말을 그치며 그 입술로 거짓을 말하지 말고"

(마 12:36) "내가 너희에게 이르노니 사람이 무슨 무익한 말을 하든지 심판 날에 이에 대하여 심문을 받으리니"

2. 행동으로 짓는 죄

＊ 자신이 지은 죄 목록의 ( )에 ○표를 하십시오.

- 성도들과 다투고 싸우는 것 ( )
- 목회자에게 따지고 싸우는 것 ( )
- 교만, 오만불손, 자만한 말과 행동 ( )
- 목회자나 성도를 무시, 멸시하고 모욕을 주는 것 ( )
- 뒤에서 흉보고 다니는 것 ( )
- 돈을 빌리고 갚지 않는 것 ( )

• 물질 사기를 치는 것 (　)
• 외상으로 물건을 사고 갚지 않는 것 (　)
• 교회의 일은 하지 않고 자기 일만 열심히 하는 것 (　)
• 교회에서 결의된 행사를 비판하는 것 (　)
• 주일 예배에 지각이나 결석하는 것 (　)
• 예배 시간에 왔다 갔다 하는 것 (　)
• 예배 시간에 다른 사람과 이야기하는 것 (　)
• 예배 시간에 다리를 꼬고 앉아있는 것 (　)
• 예배 시간에 다른 생각을 하거나 주보에 낙서하는 것 (　)
• 예배 시간에 하나님을 경배하지 않는 것 (　)
• 자신의 편안을 추구하며 주일 낮 예배에만 참석하는 것 (　)

이와 같은 일을 하면서도 전혀 죄의식이 없는 사람들이 있습니다. 이런 것은 죄가 아니라고 말하는 사람들도 있습니다. 그래서 복을 받지 못하는 것입니다.

※하나님의 말씀을 명심해야 합니다.

(벧전 1:15) "오직 너희를 부르신 거룩한 이처럼 너희도 모든 행실에 거룩한 자가 되라"

(잠 16:5) "무릇 마음이 교만한 자를 여호와께서 미워하시나니 피차 손을 잡을지라도 벌을 면하지 못하리라"

(롬 14:23) "의심하고 먹는 자는 정죄되었나니 이는 믿음을 따라 하지 아니하였기 때문이라 믿음을 따라 하지 아니하는 것은 다 죄니라"

(약 2:17) "이와 같이 행함이 없는 믿음은 그 자체가 죽은 것이라"

(요 4:24) "하나님은 영이시니 예배하는 자가 영과 진리로 예배할지니라"

(롬 12:1) "그러므로 형제들아 내가 하나님의 모든 자비하심으로 너희를 권하노니 너희 몸을 하나님이 기뻐하시는 거룩한 산 제물로 드리라 이는 너희가 드릴 영적 예배니라"

참고의 말씀

교회에서 충성하고 헌신하는 많은 교인들이 있습니다. 그런 교인들을 보며 저들이 하나님께 복을 받겠다고 생각하고 있는데, 입에서 나오는 말로 죄를 지으며 복을 저주로 바꾸는 소리를 하고 있습니다. 하나님은 우리의 모든 말을 듣고 평가하시며 그 입술의 말로 열매를 맺게 하십니다. 그러므로 우리는 항상 말의 사용을 조심해야 하며, 성질대로 말할 것이 아니라 생각하며 가려서 복 있는 말을 해야 합니다. (잠 12:14) 말씀에 **"사람은 입의 열매로 말미암아 복록에 족하며 그 손이 행하는 대로 자기가 받느니라"**고 하십니다. 이렇게 복을 받지 못하는 큰 이유 중 하나가 말을 함부로 하기 때문인 것입니다.

오늘 성경에 (잠 16:20) **"삼가 말씀에 주의하는 자는 좋은 것을 얻나니 여호와를 의지하는 자는 복이 있느니라"**고 말씀하신 것을 마음에 담으며, 하나님의 말씀을 듣고 주의하는 사람이 되어야 복 있는 성도가 됩니다.

어떤 할머니와 할아버지가 나들이를 가게 되었습니다. 한참을 걷다가 피곤함을 느낀 할머니가 "영감, 나 좀 업어줄 수 없소?"라고 하였습니다. 할아버지는 싫었지만 나중에 들을 잔소리가 겁나 할머니를 업어주었습니다. 업혀가던 할머니는 조금 미안해서 "나, 무겁지?"라고 물어보았습니다. 그러자 할아버지는 "그럼, 무겁지!"하고 퉁명스럽게 쏘아붙였습니다. 할머니가 "왜?"하고 되묻자 할아버지의 대답, "머리는 돌덩이지, 얼굴은 철판이지, 간은 부었으니까 그렇지."라고 말하는 것입니다.

돌아오는 길에는 할아버지가 다리를 다쳤습니다. "할멈, 다리가 아파. 나 좀 업어주라." 이렇게 말하자, 할머니는 갈 때의 일도 있고 해서 할아버지를 업어 주었습니다. 미안한 할아버지가 "나, 무겁지?"하면 아까처럼 자기를 따라 대답할 것 같아서 "나, 가볍지?"하고 묻자, 할머니는 "그럼 가볍지!"하며 "머리는 비었지, 입은 싸지, 허파엔 바람만 잔뜩 들었으니까"라고 대답했다고 합니다.

음식에 적당한 소금을 뿌려서 음식 맛을 내듯이 우리는 항상 예쁘게 말을 해야 복을 받는 사람이 됩니다.●

깨달은 말씀 논하기

1. 입과 말로 계속해서 죄를 지으면 어떻게 됩니까?

2. 행동으로 짓는 죄에는 어떤 것들이 있습니까?

3. 예배 때 짓는 죄를 아십니까?

통성으로 기도하기

오늘 배운 말씀을 다시 펴 보면서 마음에 새기고 회개 기도한 후에, 하나님의 말씀대로 살아서 복 있는 사람이 될 것을 결심하는 기도를 드려야 합니다.

제 3과

교회생활 중에 교회와 목회자에게 짓는 죄

암·송·구·절

(전 12:11) "지혜자들의 말씀들은 찌르는 채찍들 같고 회중의 스승들의 말씀들은 잘 박힌 못 같으니 다 한 목자가 주신 바이니라"

여러 교회에서 회의 중에 큰소리가 오가며 다투는 모습을 보았습니다. 그 자리에 '예수님이 계신다면 어떻게 하실까?' 생각해 보았습니다. 아마도 질책을 하시든지 아니면 가만히 그 자리를 떠나실 것 같았습니다. 여러 교회들이 교회 안에서 회의를 할 때 다투는 문제로 고민하고 있습니다. 또 하나님의 이름을 거룩하게 하지 못하고 하나님의 뜻을 이루지도 못하는 안건들이 힘 있는 사람과 목소리 큰 사람에 의해서 결정되어지는 것을 보게 됩니다.

안타까운 현실이지만 우리들이 섬기는 교회가 그럴 수도 있습니다. 어제까지는 좋은 교회였는데 사탄이 역사하면 오늘부터 다투는 문제가 생길 수 있습니다. 교회에 피해를 줄 뿐 아니라 하나님이 싫어하시는 죄를 범하는 것입니다. 가능하면 복 있는 사람이 되기 위해서 죄를 알고 죄를 짓지 말아야 합니다. 그래서 이러한 죄들을 미리 알고 대처해 나가면 좋겠다는 것입니다.

1. 교회의 회의 중에 짓는 죄

교인들이 남 · 여전도회나 선교회, 제직회나 당회, 교회발전위원회나 교회 기관회의 때 하나님이 싫어하시는 죄를 많이 짓습니다. 이런 것을 알고 죄를 짓지 않아야 복 있는 사람이 될 것입니다.

＊ 자신이 지은 죄 목록의 ( )에 ○표를 하십시오.

- 제직회나 당회 때 불참하는 것 ( )
- 회의 도중에 큰소리로 싸우는 것 ( )
- 회의 때 자신이 할 일이나 보고를 정확히 하지 않는 것 ( )
- 회의 도중에 자기 뜻대로 하지 않는다고 나가버리는 것 ( )
- 회장이나 윗사람에게 불손하게 대하는 것 ( )
- 각 기관의 임원이 자신의 사명을 감당하지 않는 것 ( )
- 중간에 못한다고 내팽개치고 떠나는 것 ( )

※하나님의 말씀을 명심해야 합니다.

(잠 25:8) "너는 서둘러 나가서 다투지 말라 마침내 네가 이웃에게서 욕을 보게 될 때에 네가 어찌할 줄을 알지 못할까 두려우니라"

(딛 3:2) "아무도 비방하지 말며 다투지 말며 관용하며 범사에 온유함을 모든 사람에게 나타낼 것을 기억하게 하라"

(벧전 2:18) "사환들아 범사에 두려워함으로 주인들에게 순종하되 선하고 관용하는 자들에게만 아니라 또한 까다로운 자들에게도 그리하라"

(수 22:3) "오늘까지 날이 오래도록 너희가 너희 형제를 떠나지 아니하고 오직 너희의 하나님 여호와께서 명령하신 그 책임을 지키도다"

2. 교회에서 단체로 짓는 죄

* 자신이 지은 죄 목록의 ( )에 ○표를 하십시오.

- 파당을 짓는 죄 ( )
- 단체로 거역하는 죄 ( )
- 단체로 불만, 불평하는 죄 ( )
- 단체로 대적, 대항하는 죄 ( )
- 단체의 잘못된 판단으로 짓는 죄 ( )
- 단체로 교회에 시험이 오게 하는 죄 ( )
- 교회를 둘로 나누는 죄 ( )
- 교인들을 선동하여 단체로 교회에서 이탈 및 이동하는 죄 ( )

※하나님의 말씀을 명심해야 합니다.

(히 3:8) "광야에서 시험하던 날에 거역하던 것 같이 너희 마음을 완고하게 하지 말라"

(민 14:35) "나 여호와가 말하였거니와 모여 나를 거역하는 이 악한 온 회중에게 내가 반드시 이같이 행하리니 그들이 이 광야에서 소멸되어 거기서 죽으리라"

(행 5:17) "대제사장과 그와 함께 있는 사람 즉 사두개인의 당파가 다 마음에 시기가 가득하여 일어나서"

(잠 17:19) "다툼을 좋아하는 자는 죄과를 좋아하는 자요 자기 문을 높이는 자는 파괴를 구하는 자니라"

3. 주의 종에게 짓는 죄

＊ 자신이 지은 죄 목록의 ( )에 ○표를 하십시오.

- 무시하고 거역하는 죄 ( )
- 흉보고 비판하고 욕하고 멸시하는 죄 ( )
- 도전하고 따지는 죄 ( )
- 가슴 아프게 하는 죄 ( )
- 하나님의 일을 못하도록 방해하는 죄 ( )
- 교회에 재정이 있는데 사례비를 드리지 않는 죄 ( )
- 잘못이 없는데 쫓아내는 죄 ( )

※ 하나님의 말씀을 명심해야 합니다.

(벧전 5:5) "젊은 자들아 이와 같이 장로들에게 순종하고 다 서로 겸손으로 허리를 동이라 하나님은 교만한 자를 대적하시되 겸손한 자들에게는 은혜를 주시느니라"

(딤전 5:17) "잘 다스리는 장로들은 배나 존경할 자로 알되 말씀과 가르침에 수고하는 이들에게는 더욱 그리할 것이니라"

(마 10:40-41) "너희를 영접하는 자는 나를 영접하는 것이요 나를 영접하는 자는 나를 보내신 이를 영접하는 것이니라 선지자의 이름으로 선지자를 영접하는 자는 선지자의 상을 받을 것이요 의인의 이름으로 의인을 영접하는 자는 의인의 상을 받을 것이요"

참고의 말씀

어떤 교회에 한 권사님이 계십니다. 그분은 평생 동안 하나님을 사랑하고 섬기는 분입니다. 기도와 헌신에 본을 보이시고 교회 일에 솔선수범하시며, 주의 종도 매우 잘 섬기는 분입니다. 그래서 하나님께서 그 권사님에게 복을 많이 주셨습니다. 그분의 자녀들도 모두 하나님을 잘 믿고 교회에서 충성스러운 일꾼들이 되었습니다. 물질도 넉넉하게 가지고 삽니다.

그런데 그 권사님은 자녀들과 함께 살지 못하고 혼자 삽니다. 이제 나이가 많아 몸이 불편하니 자녀들과 함께 살면 편하고 좋으련만 자녀들과 성품이 맞지 않아 같이 살지 못합니다. 자녀들과 같이 지내면 매일 다투게 됩니다. 여러 번을 같이 지내보았지만 다툼이 많아서 결국은 따로 따로 살기로 한 것입니다. 그러다보니 몸이 불편해도 혼자서 모든 것을 해결해야 합니다. 이런 모습을 보고 사람들은 성품이 맞지 않으니 어쩔 수 없다고 말합니다.

그러나 하나님은 다르게 말씀하셨습니다. 그 권사님이 젊어서 교회에 헌신할 때 주의 종에게 잘 하면서도 때로는 따지고 반대하며 미워했던 일이 많았다고 합니다. 하나님의 종을 가슴 아프게 했기 때문에 노년을 혼자서 쓸쓸하게 보내야 한다고 하셨습니다. 이와 같이 모든 일에는 자신도 몰랐던 원인이 있고 그에 따른 결과가 주어진다는 것을 알아야 합니다. 그러므로 성도는 하나님의 말씀을 배울 때 자신의 생각과 다를지라도 순종하는 신앙을 가져야 합니다. 그래야 복된 사람이 됩니다.

깨달은 말씀 논하기

1. 교회의 기관 모임 때 죄를 지은 적이 있습니까?

2. 단체로 교회에 죄를 지은 적이 있습니까?

3. 하나님의 종에게 죄를 지은 적이 있습니까?

통성으로 기도하기

오늘 배운 말씀을 다시 펴 보면서 마음에 새기고 회개 기도한 후에, 하나님의 말씀대로 살아서 복 있는 사람이 될 것을 결심하는 기도를 드려야 합니다.

제 4 과

교회생활 중에 탐욕으로 인한 죄

암·송·구·절

(고전 6:10) “도적이나 탐욕을 부리는 자나 술 취하는 자나 모욕하는 자나 속여 빼앗는 자들은 하나님의 나라를 유업으로 받지 못하리라”

우리가 신앙생활을 할 때 욕심을 버리지 못해서 짓는 죄가 많습니다. (약 1:15)에서 “욕심이 잉태한즉 죄를 낳고 죄가 장성한즉 사망을 낳느니라”고 말씀합니다. 욕심은 우리를 망하게 합니다. 그러므로 하나님을 믿으면 욕심을 버려야 합니다. 신앙생활을 하면서 욕심에서 나오는 탐심은 많은 죄를 짓게 하고, 그 결과로 하나님께 저주 받아 형벌을 받게 됩니다. 탐심을 빨리 버려야 새사람이 되어 하나님을 기쁘게 하고 복 있는 사람이 됩니다.

탐욕은 많은 사람들에게 피해를 줍니다. 하나님께 드릴 예물에 욕심을 품게 하고, 교회에 드려진 헌금에도 욕심을 내고 죄를 짓게 하여 영원한 형벌을 받게 만듭니다. 마음이 더러워져 있으므로 진리가 그 속에 들어가지 못하고 은혜를 받지도 못합니다. 그 결과로 지옥 형벌을 받을 수도 있습니다. 그러므로 탐욕은 사탄이 준다는 것을 알고 과감하게 버려야 합니다.

1. 교회 안에서 탐욕을 부리는 죄

＊ 자신이 지은 죄 목록의 (　)에 ○표를 하십시오.

- 자기를 높이고 교인들을 무시하는 죄 (　)
- 자기를 높여서 교회를 지배하려는 죄 (　)
- 믿음생활도 잘 못하면서 중진이 되려는 죄 (　)
- 직분 임명 시에 추천하지 않았다고 시험 드는 죄 (　)
- 직분 임명에서 떨어졌다고 시험 드는 죄 (　)
- 교회 일을 혼자서 자기 멋대로 하려는 죄 (　)
- 교인들을 시험에 들게 해서 교회를 떠나게 만든 죄 (　)
- 교인들에게 심한 말을 하여 교회를 떠나게 만든 죄 (　)
- 교인들에게 피해를 주어 교회를 떠나게 만든 죄 (　)
- 교회의 여러 가지 일에 욕심을 부리는 죄 (　)
- 하나님의 뜻은 생각하지 않고 자신의 명예를 추구하는 죄 (　)
- 직분만 가지고 일하지 않고 남도 일하지 못하게 하는 죄 (　)
- 하나님의 뜻은 생각하지 않고 자신의 이익만 생각하는 죄 (　)
- 자주 시험 들어서 교역자들과 이웃을 힘들게 하는 죄 (　)
- 교회 일에 참여하지 않고 방관하는 죄 (　)
- 교회에서 일 할 만한 사람을 일하지 못하도록 뒤에서 조정한 죄 (　)
- 교회를 이용하여 장사하려는 죄 (　)
- 교회와 목회자를 속이며 공사를 하는 죄 (　)
- 교회를 이용하여 돈이나 부를 축적하려는 죄 (　)

※하나님의 말씀을 명심해야 합니다.

(마 23:25) "화 있을진저 외식하는 서기관들과 바리새인들이여 잔과 대접의 겉은 깨끗이 하되 그 안에는 탐욕과 방탕으로 가득하게 하는도다"

(롬 1:29) "곧 모든 불의, 추악, 탐욕, 악의가 가득한 자요 시기, 살인, 분쟁, 사기, 악독이 가득한 자요 수군수군하는 자요"

(고전 6:10) "도적이나 탐욕을 부리는 자나 술 취하는 자나 모욕하는 자나 속여 빼앗는 자들은 하나님의 나라를 유업으로 받지 못하리라"

(벧후 2:14) "음심이 가득한 눈을 가지고 범죄하기를 그치지 아니하고 굳세지 못한 영혼들을 유혹하며 탐욕에 연단된 마음을 가진 자들이니 저주의 자식이라"

(눅 17:2) "그가 이 작은 자 중의 하나를 실족하게 할진대 차라리 연자맷돌이 그 목에 매여 바다에 던져지는 것이 나으리라"

2. 하나님의 물질 관리에 연관된 죄

* 자신이 지은 죄 목록의 ( )에 ○표를 하십시오.

- 물질이 아까워 십일조를 내지 않는 죄 ( )
- 감사할 일이 있어도 감사하지 않는 죄 ( )
- 절기헌금을 자신의 직책과 신분에 맞게 드리지 않는 죄 ( )
- 건축헌금을 자신의 직책과 신분에 맞게 드리지 않는 죄 ( )
- 작정헌금을 드리지 않는 죄 ( )

- 교회의 헌금을 관리하면서 유용 및 횡령하는 죄 ( )
- 교회의 헌금을 관리하면서 절약하지 않고 낭비하는 죄 ( )
- 하나님의 물질을 함부로 사용하는 죄 ( )
- 서약한 것을 지키지 않는 죄 ( )
- 교회의 사소한 물건이라도 가져가는 죄 ( )
- 교회의 물건을 함부로 취급하여 파괴하는 죄 ( )
- 교회의 물건이나 헌금을 절약하지 않고 낭비하는 죄 ( )

※ 하나님의 말씀을 명심해야 합니다.

(민 30:2) "사람이 여호와께 서원하였거나 결심하고 서약하였으면 깨뜨리지 말고 그가 입으로 말한 대로 다 이행할 것이니라"

(신 23:21) "네 하나님 여호와께 서원하거든 갚기를 더디하지 말라 네 하나님 여호와께서 반드시 그것을 네게 요구하시리니 더디면 그것이 네게 죄가 될 것이라"

(민 18:29) "너희가 받은 모든 헌물 중에서 너희는 그 아름다운 것 곧 거룩하게 한 부분을 가져다가 여호와께 거제로 드릴지니라"

(레 19:8) "그것을 먹는 자는 여호와의 성물을 더럽힘으로 말미암아 죄를 담당하리니 그가 그의 백성 중에서 끊어지리라"

(레 22:14) "만일 누가 부지중에 성물을 먹으면 그 성물에 그것의 오분의 일을 더하여 제사장에게 줄지니라"

(레 27:30) "그리고 그 땅의 십분의 일 곧 그 땅의 곡식이나 나무의 열매는 그 십분의 일은 여호와의 것이니 여호와의 성물이라"

(요 13:29) "어떤 이들은 유다가 돈궤를 맡았으므로 명절에 우리가 쓸 물건을 사라 하시는지 혹은 가난한 자들에게 무엇을 주라 하시는 줄로 생각하더라"

(요 12:5-6) "[5] 이 향유를 어찌하여 삼백 데나리온에 팔아 가난한 자들에게 주지 아니하였느냐 하니[6] 이렇게 말함은 가난한 자들을 생각함이 아니요 그는 도둑이라 돈궤를 맡고 거기 넣는 것을 훔쳐 감이러라"

참고의 말씀

어떤 교회에 한 남자 성도가 있었습니다. 그는 성도일 때부터 교만하여서 사람들에게 반말을 하였습니다. 담임 목사님께 인사도 잘 하지 않고, 교회가 하는 일은 무엇이든지 마음에 안 든다고 불평하였습니다. 부교역자들에게 하대를 하고 때로는 욕도 하였습니다. 그는 자신이 교회에서 제일 똑똑한 사람인줄 착각하고 있었습니다. 모든 성도들이 자신보다 못하며 보잘 것 없다고 생각하였습니다.

그 성도는 교만했지만 교회에서 맡겨진 일은 매우 잘 처리하는 능력이 있었습니다. 그래서 여러 가지 많은 일들을 하였습니다. 그의 실력을 보면 교만할 만도 했습니다.

세월이 흘렀습니다. 그 성도는 생각과 성품을 고치지 못함으로 한 교회에 오래 있지 못하고 여러 교회를 거치게 되었습니다. 한 교회에 오래 있으면 목사님과 성도들과의 관계가 깨져서 더 이상 있을 수가 없게 되기 때문입니다.

세월이 갈수록 그의 모든 일들은 자신의 생각처럼 되지 않았습니다. 하는 일마다 실패를 하였습니다. 육신적으로도 처참한 환경에 처하게 되었고, 영적으로도 다른 사람이 볼 때는 바른 믿음이 아니었습니다. 교회와 가정에 유익이 되지 않았습니다. 그런데다 부인도 자녀들도 믿음이 없었습니다.

그 성도를 잘 아시는 분이 하나님께 기도했다고 합니다. "하나님, 저분이 왜 저렇게 되었습니까?" 하고 물었더니, 하나님이 말씀하시길 "그가 행한 모든 악한 일을 알고 있으며, 그가 회개치 않으므로 그 벌로 모든 것을 빼앗고 그와 그 자녀들에게까지 은혜를 주지 않았다" 고 하셨다고 합니다.

우리는 교회 안에서 일을 잘 한다고 해서 자신을 너무 믿지 말고, 죄를 범하지 않아야 하며 복 받을 일만 해야 합니다. 그렇게 행하는 성도가 지혜로운 성도입니다.

깨달은 말씀 논하기

1. 교회 안에서 탐욕을 부린 죄가 있는지 말해 보십시오.

2. 헌금에 탐욕을 부린 것이 있는지 말해 보십시오.

3. 위와 같은 죄를 범하지 않으려면 어떻게 해야 합니까?

통성으로 기도하기

오늘 배운 말씀을 다시 펴 보면서 마음에 새기고 회개 기도한 후에, 하나님의 말씀대로 살아서 복 있는 사람이 될 것을 결심하는 기도를 드려야 합니다.

제 5 과

교회생활 중에 계명을 어기는 죄

암·송·구·절

(요 14:21) "나의 계명을 가지고 지키는 자라야 나를 사랑하는 자니 나를 사랑하는 자는 내 아버지께 사랑을 받을 것이요 나도 그를 사랑하여 그에게 나를 나타내리라"

하나님을 믿는 사람들은 하나님을 잘 섬겨야 복을 받게 됩니다. 그런데 하나님을 어떻게 섬겨야 하는지 모르는 성도들이 있습니다. 하나님을 섬기는 법의 대표적인 계명이 십계명입니다. 이 십계명은 하나님을 사랑하는 것, 하나님을 섬기는 것, 하나님을 경외하는 것 등 많은 진리를 담고 있습니다. 하지만 제대로 암기하는 성도가 별로 없습니다. 십계명이 있다는 것은 대충 알고, 무엇인가도 어렴풋이 기억하니 잘 지키지 못하는 것입니다. 성도들은 하나님을 섬기는 기본법인 십계명을 정확하게 배우고 반드시 암기하여 지켜야 합니다. 그래야 하나님을 참으로 섬기는 것입니다.

이단들은 성경 구절을 자신들에게 유익하게 변절시켜서, 사람들에게 강제로 암기시키고 그들의 종으로 삼아버립니다. 그런데 보수이며 정통적인 성경 해석을 하고 믿는 우리들이 십계명도 암기하지 못하고, 그 뜻도 정확하게 모르고 지키지도 않으니 참으로 안타까운 일입니다. 지금부터라도 잘 지켜서 하나님을 섬기고 복 있는 분들이 되시기를 바랍니다.

1. 교인으로서 하나님의 법을 어긴 죄

* 자신이 지은 죄 목록의 ( )에 ○표를 하십시오.

1) 하나님을 잘못 섬긴 죄 (사랑하지 못한 죄)

하나님과 다른 신을 겸하여 섬기는 죄 ( )
집에 우상을 두고 있는 죄 ( )
하나님의 이름을 망령되이 한 죄 ( )
주일을 성수하지 않은 죄 ( )

2) 사람을 잘못 섬긴 죄 (이웃을 사랑하지 못한 죄)

부모를 공경하지 않는 죄 ( )
살인죄 ( )
간음죄 ( )
도둑질한 죄 ( )
거짓 증거한 죄 ( )
이웃의 것을 탐한 죄 ( )

※ 하나님의 말씀을 명심해야 합니다.

(신 8:19) "네가 만일 네 하나님 여호와를 잊어버리고 다른 신들을 좇아 그들을 섬기며 그들에게 절하면 내가 너희에게 증거하노니 너희가 정녕히 멸망할 것이라"

(슥 5:4) "만군의 여호와께서 가라사대 내가 이것을 발하였나니 도적의

집에도 들어가며 내 이름을 가리켜 망령되이 맹세하는 자의 집에도 들어가서 그 집에 머무르며 그 집을 그 나무와 그 돌을 아울러 사르리라 하셨느니라"

(신 5:16) "너는 너의 하나님 여호와의 명한 대로 네 부모를 공경하라 그리하면 너의 하나님 여호와가 네게 준 땅에서 네가 생명이 길고 복을 누리리라"

(계 21:8) "그러나 두려워하는 자들과 믿지 아니하는 자들과 흉악한 자들과 살인자들과 행음자들과 술객들과 우상 숭배자들과 모든 거짓말하는 자들은 불과 유황으로 타는 못에 참예하리니 이것이 둘째 사망이라"

(눅 12:15) "저희에게 이르시되 삼가 모든 탐심을 물리치라 사람의 생명이 그 소유의 넉넉한 데 있지 아니하니라 하시고"

2. 그 외에 교회생활 속에서 짓는 죄들

* 자신이 지은 죄 목록의 ( )에 ○표를 하십시오.

- 몸으로 헌신하지 않은 죄 ( )
- 교회 일을 하자고 하면 도망간 죄 ( )
- 자신이 속한 부서에 관심을 보이지 않은 죄 ( )
- 교회를 배신하여 어렵게 만든 죄 ( )
- 고난 중에 기도하지 않은 죄 ( )
- 즐거울 때 찬송하지 않은 죄 ( )
- 자기에게 주어진 사명을 감당하지 않는 죄 ( )

- 전도하지 않은 죄 ( )
- 성질을 자주 부린 죄 ( )
- 다른 사람을 용서할 줄 모르는 죄 ( )
- 정직하지 못한 죄 ( )
- 거짓 맹세한 죄 ( )
- 설교를 듣고 자기에게 한 설교라며 시험 드는 죄 ( )
- 교회에 대한 불만을 말하고 교회 출석을 하지 않는 죄 ( )
- 세례를 받고서 교회 출석을 하지 않는 죄 ( )
- 교인들끼리 다투고서 교회에 출석하지 않는 죄 ( )

※하나님의 말씀을 명심해야 합니다.

(고전 15:34) “깨어 의를 행하고 죄를 짓지 말라 하나님을 알지 못하는 자가 있기로 내가 너희를 부끄럽게 하기 위하여 말하노라”

(롬 6:23) “죄의 삯은 사망이요 하나님의 은사는 그리스도 예수 우리 주 안에 있는 영생이니라”

(롬 1:28-32) “[28] 또한 그들이 마음에 하나님 두기를 싫어하매 하나님께서 그들을 그 상실한 마음대로 내버려 두사 합당하지 못한 일을 하게 하셨으니 [29] 곧 모든 불의, 추악, 탐욕, 악의가 가득한 자요 시기, 살인, 분쟁, 사기, 악독이 가득한 자요 수군수군하는 자요 [30] 비방하는 자요 하나님께서 미워하시는 자요 능욕하는 자요 교만한 자요 자랑하는 자요 악을 도모하는 자요 부모를 거역하는 자요 [31] 우매한 자요 배약하는 자요 무정한 자요 무자비한 자라 [32] 그들이 이같은 일을 행하는 자는 사형에 해당한다고 하나님께서 정하심을 알고도 자기들만 행할 뿐 아니라 또한 그런 일을 행하는 자들을 옳다 하느니라”

참고의 말씀

어떤 교회에 한 성도가 있었습니다. 그는 교회에 출석하면 기독교인들이 자신을 사랑해 주고 도와 줄 것이라고 생각했습니다. 또 하나님도 자신을 사랑해 주리라고 생각했습니다. 그는 처음부터 성도들로부터 사랑을 받기만 했습니다.

몇 년이 지나자, 성도들이 과거처럼 그를 사랑해 주지 않았습니다. 그에게는 목자와 집사라는 직책이 주어졌고, 이제는 새로 들어온 사람들에게 사랑을 주어야 했습니다. 그런데 어렸을 때부터 사랑을 받기만 하고 자라서 남에게 친절을 베풀고 사랑을 주는 것을 할 줄 몰랐습니다. 교회에 출석하면서도 집사님들로부터 사랑을 받기만 하다가 자신이 직접 목자와 집사가 되어 다른 사람을 섬기고 사랑하려 하니 잘 되지 않았습니다.

결국 목장원들을 사랑으로 대하지 못하니 처음 맡겨 준 목장원들이 하나둘씩 나오지 않게 되었습니다. 그는 목자의 사명을 내려놓았습니다. 그리고 시험이 들어 교회 출석을 거부하며 멸망의 길로 가게 되었습니다.

사랑받는 것은 좋은 일입니다. 그러나 주는 사람이 있기 때문에 받는 사람이 있는 것입니다. 사랑을 주는 사람은 자신을 희생하고 양보합니다. 상대방에게 져 주고 참으며, 자신의 시간과 물질을 사용하고, 좋은 말로 사랑을 표현하는 것입니다. 사랑을 받았다면 다른 사람에게 줄 줄도 알아야 합니다. 그러기 위해서는 희생하고 양보하고 참고 베풀 줄 알아야 합니다.

교회에 나와 사랑을 받으려고만 하지 말고, 하나님을 사랑하는 것을 배우고 이웃을 사랑하는 것을 배우기 바랍니다. 사랑을 실천하는 것은 자신을 낮추고 섬기는 것입니다. 자신의 것을 주는 것입니다. 그렇게 되면 죄를 짓지 않고 자신도 좋은 성품이 만들어져 사랑과 존경을 받는 사람이 됩니다.

깨달은 말씀 논하기

1. 하나님을 섬기지 못한 죄를 말해 보십시오.

2. 이웃을 섬기지 못한 죄를 말해 보십시오.

3. 그 외의 죄들에 대해서 말해 보십시오.

통성으로 기도하기

오늘 배운 말씀을 다시 펴 보면서 마음에 새기고 회개 기도한 후에, 하나님의 말씀대로 살아서 복 있는 사람이 될 것을 결심하는 기도를 드려야 합니다.

제 6 과

교회생활에서 반드시 해야 할 것

암·송·구·절

(마 22:37-40) "[37] 예수께서 이르시되 네 마음을 다하고 목숨을 다하고 뜻을 다하여 주 너의 하나님을 사랑하라 하셨으니 [38] 이것이 크고 첫째 되는 계명이요 [39] 둘째도 그와 같으니 네 이웃을 네 자신 같이 사랑하라 하셨으니 [40] 이 두 계명이 온 율법과 선지자의 강령이니라"

교회에 나오면 가장 먼저 배워야 할 것 **세 가지**가 있습니다.

첫째는 하나님 사랑입니다.

둘째는 이웃 사랑입니다.

셋째는 복음 전파입니다.

교회생활과 가정생활, 사회생활 그리고 모든 신앙생활이 이 세 가지 안에 들어 있습니다. 그러므로 성도들은 이 세 가지를 배워서 실천하려고 노력해야 합니다. 그렇게 하면 하나님께 인정받고, 목회자와 성도들에게 인정받으며, 가족들에게도 인정받습니다.

많은 그리스도인들이 이 세 가지를 모르고 있거나, 알면서도 실천하지 않아 잘못된 신앙생활을 하고 있습니다. 이제부터 잘 배우고 실천하여 복 있는 성도들이 되기를 바랍니다.

1. 하나님 사랑

하나님을 믿으면서 첫 번째로 지켜야 할 계명이 무엇입니까? 하는 질문에 대답하지 못하는 사람들이 많습니다. 그렇다면 가장 큰 계명은 무엇입니까? 라고 질문해도 역시 대답을 못합니다.

하나님을 믿으면서 이렇게 기본적인 것을 암기하지 않는 교인들이 있습니다. 교회에 출석하여 적당히 하나님 믿고 복이나 받으면 된다는 안일한 생각에 빠져있는 것입니다. 목회자가 가르쳐 주어도 귀담아 듣지 않고 곧 잊어버립니다. 그래서 오랜 세월 하나님을 믿어도 기본적인 것조차 모르는 것입니다.

성도들이 하나님을 믿고 첫 번째로 지켜야 할 계명은 '하나님 사랑' 입니다. 가족이 아닙니다. 이웃도 아닙니다. 불쌍한 사람도 아닙니다. 가장 첫 번째는 하나님을 사랑하는 것입니다. 하나님을 사랑해야 자신의 생명이 영원히 살 수 있고, 하나님이 공급하시는 은혜와 복을 받을 수 있습니다. 가족도 이웃도 하나님이 지켜주셔야 살 수 있다는 것이 진실한 답입니다. 그러므로 첫째로 하나님 사랑을 배워야 합니다. 어떻게 하나님을 사랑할까 깊이 생각하고 잘 배워야 합니다. 하나님을 가장 많이 사랑하는 사람이 크게 쓰임을 받게 됩니다.

(마 22:37-40) "[37] 예수께서 이르시되 네 마음을 다하고 목숨을 다하고 뜻을 다하여 주 너의 하나님을 사랑하라 하셨으니 [38] 이것이 크고 첫째 되는 계명이요 [39] 둘째도 그와 같으니 네 이웃을 네 자신 같이 사랑하라 하셨으니 [40] 이 두 계명이 온 율법과 선지자의 강령이니라"

(신 6:5) "너는 마음을 다하고 뜻을 다하고 힘을 다하여 네 하나님 여호와를 사랑하라"

2. 이웃 사랑

두 번째로 지켜야 할 계명이 이웃 사랑입니다. 이 순서가 뒤바뀌면 안 됩니다. 이웃은 사랑하는데 하나님 사랑을 하지 않는다면 구원 받지 못합니다. 불신자들도 이웃 사랑을 하고 있습니다. 그렇지만 그들이 하나님 나라에 들어가 영생을 얻지는 못합니다. 이웃 사랑이 구원을 주는 것이 아니기 때문입니다. 그러나 이웃을 사랑하지 못했다고 해도 하나님을 사랑하면 멸망당하지 않고 구원 받을 수 있습니다. 그러므로 먼저 하나님 사랑을 실천하고, 그 다음에 이웃 사랑을 실천하십시오. 복 있는 사람이 될 것입니다. 이웃을 사랑하는 최고의 방법은 그들을 전도하여 구원시키는 것입니다.

사랑에도 우선순위가 있습니다. 우리가 정하는 것이 아니요, 하나님이 정하는 것입니다. 우리는 하나님이 정하신 순서대로 사랑해야 합니다.

(막 12:31) "둘째는 이것이니 네 이웃을 네 몸과 같이 사랑하라 하신 것이라 이에서 더 큰 계명이 없느니라"

(롬 13:9) "간음하지 말라, 살인하지 말라, 도적질하지 말라, 탐내지 말라 한 것과 그 외에 다른 계명이 있을지라도 네 이웃을 네 자신과 같이 사랑하라 하신 그 말씀 가운데 다 들었느니라"

(롬 13:10) "사랑은 이웃에게 악을 행치 아니하나니 그러므로 사랑은 율법의 완성이니라"

3. 하나님 나라의 전파(영혼 구원)

하나님을 믿고 세 번째로 해야 할 일은 무엇일까요? 많이 생각해야 합니다. 결론은 복음 전파입니다. 하나님께서 사람들을 사랑하여 인간의 몸을 입고 천국 복음을 전하기 위해 이 땅에 오셨습니다. 멸망당할 사람들의 죄를 대신 짊어지고 십자가를 지신 성자 예수 그리스도께서도 사람을 구원시켜 천국에 들어가게 하시려고 한 것입니다. 이 사실이 복음입니다. 모든 성도들은 복음을 듣고 영벌에서 영생으로 변화된 것입니다.

복음을 듣고 구원 받은 사람이 이 기쁨과 사실을 다른 사람에게 증명하는 것이 복음 전파입니다. 그렇게 해야 이웃 사람이 심판 받지 않고 구원을 받습니다. 이것이 이웃을 사랑하는 것입니다. 이웃 사람이 영벌을 받는 길로 가고 있는데 육신의 양식만 채워준다면 그것은 진정한 이웃 사랑이 아닙니다. 이웃 사람이 멸망의 길에서 생명의 길로 갈 수 있도록 바른 길을 알려주는 것이 이웃 사랑이요, 복음 전파입니다.

(마 9:35) "예수께서 모든 성과 촌에 두루 다니사 저희 회당에서 가르치시며 천국 복음을 전파하시며 모든 병과 모든 약한 것을 고치시니라"

(막 13:10) "또 복음이 먼저 만국에 전파되어야 할 것이니라"

(눅 4:18) "주의 성령이 내게 임하셨으니 이는 가난한 자에게 복음을 전하게 하시려고 내게 기름을 부으시고 나를 보내사 포로된 자에게 자유를, 눈먼 자에게 다시 보게 함을 전파하며 눌린 자를 자유케 하고"

(살전 2:9) "형제들아 우리의 수고와 애쓴 것을 너희가 기억하리니 너희 아무에게도 누를 끼치지 아니하려고 밤과 낮으로 일하면서 너희에게 하

나님의 복음을 전파하였노라"

(딤후 4:2) "너는 말씀을 전파하라 때를 얻든지 못 얻든지 항상 힘쓰라 범사에 오래 참음과 가르침으로 경책하며 경계하며 권하라"

참고의 말씀

어떤 성도가 있습니다. 이분은 매주 한 번 정한 시간에 장애인이 거주하는 집에 가서 장애인들을 목욕시켜 줍니다. 그리고 그들을 후원합니다. 이것은 매우 잘하는 일입니다. 그리스도인은 이웃을 사랑해야 하기 때문입니다. 하지만 이것보다 먼저 해야 할 것이 있습니다. 그것은 장애인들보다 하나님을 더 사랑해야 하는 것입니다.

이 성도의 교회 직분은 서리집사입니다. 그렇다면 교회 일도 열심히 잘해야 합니다. 특히 예배와 기도 모임 등의 교회 일에 더욱 열심을 내야 합니다. 하지만 이 성도는 주일 예배에만 나오고 다른 일은 전혀 하지 않습니다. 목장 모임에도 참석하지 않고 있습니다. 교회생활을 잘못하고 있는 것입니다. 성도들과의 관계도 좋지 않습니다. 성도들과 화목하거나 절친하게 지내지 못합니다. 그리고 가족들과도 관계가 좋지 않아 남편이나 자녀들과 화목하지 못합니다. 집안은 청소도 하지 않아 지저분합니다.

교회의 어떤 일을 같이 하려고 하면 장애인을 돌봐야 하기 때문에 바빠서 할 수 없다고 말합니다. 매사가 "장애인 때문에 못한다."입니다.

이 성도는 잘못된 길을 가고 있습니다. 다른 사람이 하지 못하는 장애인을 돌보는 사역을 하므로 자기가 다른 사람보다 의롭다고 생각하는 것입니다. 장애인만 돌보면 최고인 것처럼 생각하고, 다른 것은 시시하게 여기는 것입니다. 다른 것을 하지 않아도 하나님께 상급을 많이 받을 것으로 생각하고 있는 것입니다. 이 성도는 자만과 자기 의에 빠져 잘못된 길을 가고 있는 것입니다. 어떤 성도들 중에는 선교단체에 빠져 위와 같이 행하는 것을 보게 됩니다.

바른 생각을 갖고 있는 성도라면 장애인을 돌볼수록 더 겸손해야 합니다. 그리고 더 낮아져야 합니다. 교회생활에서, 가정생활에서 더 열심히 본이 되어야 하는 것입니다. 그래야 하나님께 인정받고 주의 종과 성도들에게 인정받고 가족들에게 인정받게 됩니다. 이런 사람이 바른 길을 가는 사람입니다. 하나님 사랑이 이웃 사랑보다 먼저라는 것을 바르게 알고 행해야 합니다. 그래야 복 있는 사람이 됩니다.

깨달은 말씀 논하기

1. 하나님을 어떻게 사랑하는지 구체적으로 말해 보십시오.

2. 이웃을 어떻게 사랑하는지 말해 보십시오.

3. 복음 전파를 어떻게 하는지 말해 보십시오.

통성으로 기도하기

오늘 배운 말씀을 다시 펴 보면서 마음에 새기고 회개 기도한 후에, 하나님의 말씀대로 살아서 복 있는 사람이 될 것을 결심하는 기도를 드려야 합니다.

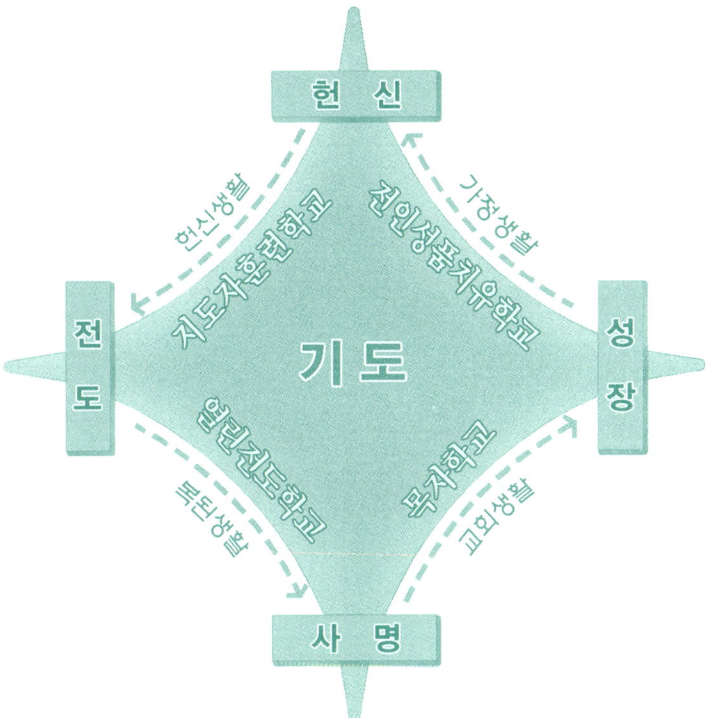
헌 신
헌신생활
가정생활
지도자훈련학교
전인성품치유학교
전
도
기 도
성
장
열린전도학교
목자학교
목원생활
교회생활
사 명

"십자가의 길은 사람을 살리는 길입니다."

양육교재

인간의 삶(개정판)

값 5,000원

인간이 고통을 당하는 이유를 성경을 통해 명확하게 알려주며 자신의 모습을 돌아보게 합니다.

새로운 삶(개정판)

값 5,000원

하나님을 알고 살아가는 삶이 새로운 삶임을 깨닫게 하며, 가르치는 자와 배우는 자가 동일하게 세워지도록 합니다.

제자의 삶(개정판)

값 5,000원

예수님의 진정한 제자는 어떻게 살아야 하는가를 성경적으로 권면합니다.

축복의 삶(개정판)

값 5,000원

하나님의 자녀로서 축복받는 삶이 무엇인가를 배우며 기쁨과 감사함으로 살아가게 합니다.

기도학교

값 3,500원

기도에 대해서 알고 싶어하고 배우고 싶어하는 성도들을 위해 하나님께서 들어주시는 올바른 기도를 가르쳐 줍니다.

새가족학교

값 3,500원

교회에 나오는 새가족들이 궁금해 하는 모든 내용들을 정리하여 그들의 궁금증을 해결해 주어 정착하도록 돕습니다.

전인치유학교 (성도용)

값 4,500원

어떻게 하면 하나님이 사람을 치료하는 것을 찾아볼까 하는 고민 중에 본 치유 프로그램이 만들어졌습니다. 이 치유 프로그램은 성경적인 치유를 전제로 만들어졌습니다. 인본적인 치유가 아니라 성경적인 치유 프로그램인 것입니다.

전인치유학교 (리더용)

값 8,000원

어떻게 하면 하나님이 사람을 치료하는 것을 찾아볼까 하는 고민 중에 본 치유 프로그램이 만들어졌습니다. 이 치유 프로그램은 성경적인 치유를 전제로 만들어졌습니다. 인본적인 치유가 아니라 성경적인 치유 프로그램인 것입니다.

목자예비학교

값 4,500원

평신도 리더로서 사역할 수 있도록 모든 소그룹 인도 방법을 자세하게 가르쳐 줍니다.

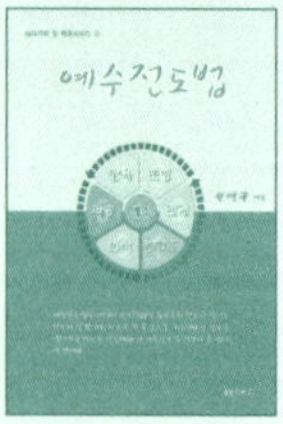

전도학교(예수전도법)

값 3,500원

예수전도법을 통하여 불신자를 전도하는 모든 방법을 가르쳐 전도는 누구나 할 수 있다는 자신감을 갖게 합니다.

교회학교 양육교재

인간의 삶(교회학교)
값 3,500원

새로운 삶(교회학교)
값 3,500원

제자의 삶(교회학교)
값 3,500원

축복의 삶(교회학교)
값 3,500원

새가족학교(교회학교)
값 4,500원

단행본들…

세계교회는 십자가의 길로 간다 값 8,000원

십자가의 길은 독자들에게 비전과 소망을 줄 것입니다. 목회의 목마름을 해갈해 줄 것입니다.

아울러 본 저서는 목회를 잘 해 보고자 하는 열심있는 목회자들과 목회에 지친 분들에게 새 힘을 불어넣는 좋은 책이 될 것입니다.

당신도 훌륭한 목회를 할 수 있다(상) 값 10,000원

목회를 하면서 많은 시행착오를 겪었다. 누군가 코치를 해 주는 사람이 있었으면 좋았을텐데 불행히도 없었다. 어려운 문제가 생길 때마다 좌절도 하고 낙심도 하면서 하나님께 기도하여 문제를 풀어 나갔다. 다행이 하나님께서 해결해 주셔서 어려운 목회 문제를 풀 수 있었다. 그리고 많은 은혜를 주셨다. 이 책이 나와 같은 목회자들에게 도움이 되었으면 좋겠다.

당신도 훌륭한 목회를 할 수 있다(하) 값 10,000원

목회는 모르면 어렵고 알면 쉬운 것이다. 이 책을 통해서 목회를 배우고 지금의 길을 달려가서 성공하는 목회자들이 많이 나오기를 원한다.

이 책을 읽는 분들은 많은 도전을 받게 될 것이다. 그리고 하나님의 원하시는 참된 목회를 추구할 것이다. 그러면서 하나님의 종이 된 것을 기뻐하고 감사드리며 헌신하게 될 것이다.

예수그리스도께서 가르쳐 주신 기도와 능력 값 5,000원

기도하는 많은 사람들을 새로운 기도의 세계로 인도할 것입니다. 주님이 가르쳐 주신 기도순서로 기도하면 깊은 영성을 소유하게 될 것입니다. 그리고 절대로 잘못된 기도는 하지 않게 될 것입니다. 또 놀라운 영적 경험을 하게 될 것입니다.

자신이 변화하는 것을 느끼게 되며, 치유의 역사가 속에서 일어나는 것을 느낄 것입니다.

기도훈련집 1, 2

- ❶ 값 6,000원
- ❷ 값 3,000원

이 기도문은 그리스도께서 하신 기도입니다. 지금까지 자기 욕심을 이루려는 기도를 드렸고 하나님을 괴롭게 하는 기도를 드렸음을 발견하게 될 것입니다. 또한 자신의 영혼이 깨끗해지고 마음이 청결해지는 것을 느끼게 될 것입니다.

교회건강검진 값 10,000원

건강한 교회와 성장하는 교회는 다른 시각으로 보아야 합니다. 건강하지 못해도 성장하는 교회가 있습니다. 이런 교회는 바람직하지 못합니다. 교회는 하나님 보시기에 건강해야 하고 또 성장해야 합니다. 그러기 위해서 검사 방법이 정확해야 합니다. 여기에 그 방법을 소개합니다.

폭발적 목장영적추수행사 값 3,500원

목장영적추수행사는 좀 더 체계적으로 훈련하여 성도의 생각을 바꾸고 생활 속에서 신앙적으로 전도 활동과 목장 집회를 갖도록 하는 획기적인 책입니다.

이 책이 제시하는 대로 시행한다면 누구든지 전도를 할 수 있으며 목장도 활성화되는 결과를 얻게 될 것입니다.

52주 목장집회 1, 2 각 값 6,000원

예배는 구원 받은 사람들이 하나님을 경외하는 것입니다. 집회는 사람들이 모여서 하나님의 은혜 받기를 사모하는 것입니다. 예배와 집회는 전혀 다른 성격을 띠고 있습니다. 목장 집회는 하나님의 은혜를 받기 위한 특별한 모임입니다. 목장 집회의 중요한 리더 만들기와 기도 셀, 사랑의 실천, 불신자를 위한 모임 등을 실천하도록 하였습니다.

생명을 얻는 길(상) 값 2,500원

태신자의 눈높이에 맞춘 맞춤식 양육 교재입니다. 철저히 태신자의 입장에서 그들의 문제를 해결하고 있는 것이 본서의 특징입니다. 또한 기존 성도들도 태신자를 양육하면서 은혜 받고 하나님이 원하시는 신앙으로 바뀌게 됩니다.

'생명을 얻는 길'은 미니 전도지와 함께 사용하면 양육 효과가 더욱 크게 나타납니다.

영혼의 찬양 값 5,500원

십자가선교센터에서 선정한 200곡의 주옥같은 찬양을 수록하였습니다.

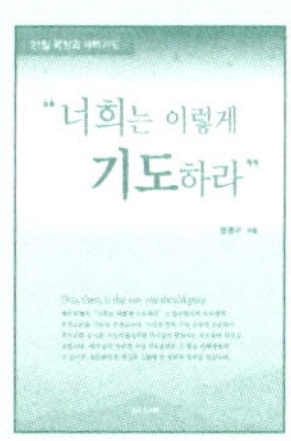

너희는 이렇게 기도하라 값7,000원

하루를 여는 새벽시간 개인적으로 읽고 묵상하며 경건의 시간을 갖도록 되어 있습니다. 교회에서 21일 특별 새벽기도회 기간에 활용하시면 큰 은혜의 시간이 될 것입니다.

유아세례 학습서 값8,000원

아이들에게 있어 부모의 신앙은 매우 중요합니다. 그 이유는 아이들이 부모의 신앙을 그대로 배우기 때문입니다. 그러므로 유아 세례를 줄 때 부모를 함께 철저하게 교육시킬 필요가 있습니다.